바람의 제국 긴급 제안

* 본문 페이지에서 한 연이 첫 번째 행에서 시작될 때에는 〈 표기를 합니다.

지성의 상상 시인선 045

바람의 제국 긴급 제안

윤명규 시집

지성의상상

본 시집을 준비하면서 존경하는 정숙자 시인님께
특별히 해설을 부탁드렸다.
꾹꾹 눌러쓴 그분의 해설문을 받고 며칠이 지났을까.
그저께 밤에도 전화를 주셨었는데-
오늘 부음을 들었다.
비탄을 금할 수 없다.
출간 후 10부를 보내라 하시더니-
찢어지는 심정으로 삼가 명복을 빌며
이 책을 영전에 바친다.

2024년 12월 10일 늦은 밤

■ **시인의 말**

언어의 오묘함이 끝이 없다.
자신 없는 얼굴이지만
이쯤에서
또다시 나를 방류한다.
나를 바라보는 시선들이
사뭇 궁금하다.
아랑곳하지 않고 내 길을 가겠다.

24년 늦가을
윤명규

■ 차례

1부

단지斷肢	19
그녀의 무자서無字書	20
바람의 제국, 긴급 제안	22
팥빛 파도	24
빈곤	26
신영시장 김영웅 구두병원	28
입신立神	30
알의 인류史	32
낙수	34
땅의 증언	36
그해 여름날	38
술	39
기울어진 바다	40

2부

바다의 착시錯視	45
11월	46
바람의 나라	47
이런 나의 중년	48
소등	50
샛길	52
밥	54
조준환	56
백비白碑	58
부활의 꿈	60
폭설	62
풀 이야기	64
이슬로 돌아간	66

3부

소고기	71
여자	72
바람 공화국	74
얼굴	76
집착	78
이유 있는 침몰	80
건강검진	82
어둠의 질서	84
바람개비	86
감자 숭배	88
안동집	90
남평양반	92
사월에는	93

4부

11월 산감나무	97
운해	98
고상한 망상	100
민초	102
그녀의 소갈머리	104
돈	106
샤갈의 나와 마을	108
수첩	110
매미	112
김선기	114
바다의 기침 소리	116
운주사 석조 불감	118
벌초	120

■ 해설 | '땅의 증언'에서 '긴급 제안'까지 121
—정숙자(시인)

1부

단지

단지斷肢

한겨울을 견뎌낸 가지를 자른다
어느새 뾰루지처럼 꽃눈과 잎눈이
피부를 들어 올려
젖꼭지를 세우는 놈도 있다

썩썩 잘라져 떨어져 내린 손가락
밀려온 통증을 문지르며 빨갛게
눈물을 다신다

말이 없다고 아프지도 않았을까
잘려 없어진 손가락을 찾으며
저녁의 껍질을 피나도록 벗겨 냈겠지

딸아이 시집보내던 날
긴 밤을 갈기갈기 찢어내던 아내도
저렇게 한 다발씩 무너져 내렸을 거야

그녀의 무자서無字書

마당 한편엔
아직 당신의 냄새 품은 불두화가
환하게 목탁 두들기며
불경을 새기고 있습니다

닷새 전 왔을 때도
북풍한설에 멈추어있던 우물가 수도꼭지
봄볕 흐르도록 외투를 벗겼었는데
그녀에게는 또다시 역류한 겨울
진 빠진 이불에 꽁꽁
싸매어 질식하고 있네요

지금도 늑골 밑 혈 자리에
당신의 구곡간장 잘라 하늘에 놓아버린
그때 그 얼음장을
걷어 내지 못하고 있는 것일까요

서른 살 떡잎 오른 새치 머리처럼
보리목 희끗희끗 해지는 유월인데

내뱉는 숨결 속 서릿발 밟는 소리
맥없는 동공에 편지처럼 맺혀 있네요

오줌 젖은 내의 벗겨 드리듯
겨우살이를 다시 풀어냅니다
끈적끈적한 지린내가
혈류를 쓸고 내려갑니다

미처 떠날 수 없었을까요
지난해 동짓달 삭바람이
꽃 밑에 웅크리고 앉아 쉰내 나는 봄을 읽습니다

숨줄이 붙어 있다는 건
그 자체가 한 질 책입니다

바람의 제국, 긴급 제안

-거 좋은 생각 아니여
그 자*들 대갈통 속엔
뭐가 들어 있는지 당최 모르것당께
비 오는 날 사이키 조명 팡팡 돌아가는
나운동 그 술집 가봐
옆에 끼고 있는 것들 죄다
지 딸이나 마누라는 아니잖여
다들 너매 것 델꼬 지랄들 허는 것이것제

아 낳지 않아 곧 망헐 것처럼
씨불어 대지만 말고
좋아 죽고 못 사는 저것들
비아그란가 뭔가 나라에서 대주고
모텔 얻어 주고
아 맨들도록
차라리 자리를 깔아줘 버리면 어쩌것어
엄한 데 돈 짓거리 허덜 말고

일흔다섯에도 늦둥이 맨들었다는

배운가 하는 사람 얘기도 있잖여
대단한 것이제

저 높은 디서
아 대신 개만 안고 댕기는 것들이라
먼 생각이 있을까마는
저런 사람들 찾아내서 상賞도 쬐금 주고

그럼사
아도 낳고 뽕도 따고
나도 함 해보게

팥빛 파도

입천장에 울음을 내려 본 적이 없다

꼬불꼬불 물 주름 사이로
양철 대문 삐걱거리듯
갯새들 목울대 세우며 햇살 비벼대고
그 찢긴 쇳소리 섬 산 종아리에 쌓여
시장통 욕지거리처럼 서성인다

하늘이 옷을 벗고 뛰어들던 곳
별과 달은 저들끼리
속살 훤히 내보이도록 놀다 간 그곳

나 지금
미친 바람의 폭력으로
시린 몸 한 다발씩 떠내려가지만
출생의 비밀을 결코 발설하지 않았다

붉게 충혈된 서해의 눈
다리가 없는 파도

수장되듯 몸 담그고 있는
립스틱 지워진 노을의 추한 입술

퍽퍽 가슴을 치며
피 울음 운다

빈곤

그 시절 시오리 등굣길
짐발이 자전거는
막걸리통이 바퀴이다

골즙을 짜내며 들고 일어서는
올림픽 역도 선수처럼
주렁주렁 술통을 꿰 달고
장딴지에 힘줄을 세운다

앞뒤로 매달려 구르는 술통들이
배곯은 자식들 머리통처럼
삐걱삐걱 울음을 끼워 넣고

짜디짠 세상 짐 고리에 얹은
허리 짜부라진 바큇살들
궁핍을 톡톡 튕겨내며
찢어질 듯 간다

눈물 흘린 솔방울들이

신작로 코끝에 붉게 여물고

페달을 밟는 아저씨의 무르팍에
겨울 빈 수수밭 바람 소리
등골을 우려낸다

신영시장 김영웅 구두병원

슬슬 구두끈 풀듯
이어가는 입심으로
기구한 한 권의 자서전을 풀어 놓는다

42년생이라니 어지간한 나이다

유전(油田)의 메뚜기 채굴 장비 같은
우악스럽게 생긴 재봉틀이
사우디 근로자 시절
바람나 집 나간 마누라를
자근자근 물어 흔들고 있었다

저 재봉틀로
쪼개진 가슴팍을
얼마나 박음질 해댔는지
벌건 핏물이 깡통으로 뚝뚝 떨어진다

그 여자 엉덩이 하나는
쩍 벌어진 맷돌 호박처럼

암팡지게 실했었는데
지금껏 여자 노릇은 하고 있는지

나를 버린 세상이 싫어
장항제련소 굴뚝 아래 농약병 움켜쥐고
목숨줄 흥정할 때 날 주저앉힌 변명 같은 운명

헤진 구두 밑창만 보아도
그 사람 성질머리 정도는 알 수 있다고
떵떵 큰소리치는데
정작 내 구두 밑창은
아직도 읽지 못하고 있다

입신立神

21층 아파트 발코니에서
하얀 저고리
밖으로 발뼘 하나만큼 발을 뻗는다

뻗는 다리 한참이나 멈칫하더니
합장하듯 이내 버튼을 누른다

하늘이 커다란 애벌레처럼
우그러졌다가 펴졌다가
묽은 쇠똥처럼 끌려 내려온다

멀리서 앰뷸런스 닦달하는 소리
골목이 골목길을 찾아다니는 발걸음
꾸역꾸역 사람들의 싸늘한 터부
빠르게 화면이 회전한다

스스로의 속도를 넘어선 공중제비
마지막 허공을 압축하더니
일순 화면이 정지한다

〈
납작하게 빨래처럼
땅과 한 몸이 돼버린 저 사람

여닫이도 미닫이도 아닌
반닫이 문 같은 나인데

창문을 열고 또 다른 내가
물끄러미 나의 주검을 열어젖히고 있다

알의 인류史

겸연쩍은 얘기다
북쪽 동포들은
백열전구를 불알이라고 한단다
전부는 아니지만
사람도
수십만 년 동안 단 한 번도 꺼진 적 없는
불알을 달고 산다
지구라는 행성에서 목숨 피우고 있는 자들
어느 한때 숨 끊어진 바람처럼
고요해 본 적 있던가
죽고 죽이는 아귀다툼 뒤에는
짐짓 아무 일 없었다는 듯 가랑이 사이
불 밝힌 불의 알이 야물게 매달려있다
스스로 호흡하며 살아가는 개체들
그와 전혀 관련이 없다고 말하는 자
있을까
이를 것 없이
불알은 인류사史의 집대성이다
마천루 숲속

노란 배추 속잎 뒤집어쓴 붕어빵 포장마차
역사 한 페이지 쓰느라
환하게 불알 걸어놓은 밤

낙수

한 치의 오차도 없이
뼈마디를 자르는 저 소리의 간격

귀를 세워 들어 보면 알 수 있나니
일만 번뇌 낙하 하며
가슴팍에 탕탕 대못을 박는다는 것

정처 없이 떠나는
구둣발 소리의 절묘한 간격처럼
바람에 움찔하다가도
하늘 담긴 이마 위에
둥근 문신을 긋고 있나니

수천 년을 달려와 나신으로 누워 있는
눈부신 새벽별
잘 익은 밀감 빛으로 출렁거리다가
담석처럼 박힌 표표한 눈을
깜빡대나니
〈

이 밤
충돌의 그림자가 멈추면
죽음의 길을 측정한다고
융통성이라고는 장도리 같던 사람

살점을 베어내다 베어내다
땡추승 목탁소리 스러지듯
스스로 순장하나니

땅의 증언

침묵의 말들이 교목처럼 일어서고
거기 바람 소리 자라고 있어라

지구의 피 묻은 각질들
선사시대 영웅의 발자국
하늘과 바다와 땅으로 윤회하며
장엄하게 증거를 제시한다

잠자고 있는 기억들을 증명하며
서서히 굳어가다 부서지고
흐르다가 시간을 깨물며 멈추어 선다

죽어 있는 말들은 언제쯤 눈을 뜰까

나마저 나를 잊고
마른 눈물의 늪으로 빠져들 쯤
하찮던 범부의 심장 소리도
원자로 분자로 물증을 남길 거야
〈

먼 훗날 누군가가 나를 끌어내
어리바리 증언대에 세우겠지

그해 여름날

그 옛날
녹슨 높은 음자리표 작두샘에는
찢어진 곳
삐삐선으로 얽어 기운
뻘건 색 커다란 고무통이 놓여 있었다

여문 매미 울음이 땅으로 붙고
개개비 지저귐이
대밭에 쏟아지는 한여름이면
아버지는 선혈 빛 통속에
삶에 멍든 당신을 씻어 내고 있었다

처서를 네댓새 앞둔 오늘
그를 건너온 반백 머리 한 사람이
붉은 다라이 안에 풍덩 주저앉아
식어 버린 제 안에 저를
토렴*하고 있다

* 식은 밥을 데우기 위해 뜨거운 국물로 헹구어 내는 행위.

술

고개를 땅에 끌고
밤과 새벽의 경계선을
목탁처럼 두들기는 사람

된서리 스며오르는 머리통으로
폭삭 삭은 곤쟁이젓처럼
써륵써륵 속울음을 퍼 올리고 있네

빠글빠글 뚝배기에 허세를 끓여
잔 잔에 마누라를 붓고
자식놈을 붓고

초고층 펜트하우스도 마시다가
벤츠 S600도 마시다가

내가 나인 것이 너무 버거워
목구멍으로 입으로
고꾸라져 내리고 있네

기울어진 바다

또 누구의 죽음인가

묻혔다 이어지고 끊겼다 살아나는
선유도 넙덕지 때리는 물소리

서러워서일까
흰 셔츠 높이 휘젓고 가던 저녁 파랑
멈칫멈칫 발걸음 늦춰가네

비릿했던 한 생
요리조리 갯장어처럼 살다 간 뱃사내
아고똥한 마누라 못 잊혀 어찌 갔을꼬

이 밤 지나면
쉰다섯 등짐을 부려 논다네
찐득찐득 살과 피 다 마르도록
선유도 바람 품에 너하 너하 안긴다네

해감내만 짐승처럼 웅크리고 있는

흰빛 바랜 사막 어장
쭈꾸미방* 매달리듯 빚덩이 남겨두고

쩍쩍 갈라지는 북어처럼 멸치처럼
바람의 경전 들으러

* 쭈꾸미를 잡기 위해 줄에 매달아 놓은 소라껍질.

2부

바다의 착시

바다의 착시錯視

무슨 일로 햇살은 조각조각 깨어졌나
수평선에 부유하는 태양의 살점들
포충망 휘저으며 바람은 달려오고

아직 잡을 그 무엇이 있기라도 한 것일까

잡힐 듯 잡히지 않는 황금 깃털
그물코를 빠져나간다

주저앉고 싶기도 했을 텐데

꺼지지 않는 욕망의 무게가
도대체 얼마였길래
몸뚱이 깎이는 줄 모르고 있을까

추락해 익사한 하늘이
그보다 더 짙게 젖는 오늘

11월

왔던 길 돌아보니
가쁜 호흡으로 뛰어오는 아직 남은 길
할머니의 쪼그라진 젖가슴 같은
11월이다

초록 잎새 돋을 때 꿈꾸었던 무지개
호젓한 암자에서 범종은 울고
손끝에 살점처럼 묻은 다짐들
부려 놓아야 할 시간

익어 입술 터진 마지막 한 잎까지도
빼앗겨야 할 끝점이다

쾌속 열차 내달리듯
속도가 만든 동물적 질주 본능
관성의 법칙에 의한 생의 가속도

내가 나에게 묻는다
도대체 너의 시간은 몇 시냐

바람의 나라

돛대 산 굴참나무 위
폐 초당처럼 위태롭게 걸려 있는 왜가리 둥지

밤이면 서릿발 같은 냉기가
새끼 새 말간 속살에 송곳질을 한다

멍게 살 같은 비린 부리로
깃털 속 소름을 헤집어 세우고
우렁우렁 울다가 촉촉한 어둠 찍어
주린 배 달랜다

얼기설기 엮어진 삭정이 사이로
어미의 밤잠을 갉아먹는
굶주린 새들의 울부짖음

저 둥지에 빛살 듬뿍 채워지는 날
찬바람만 쌩쌩 휘젓고 다녔던
내 누더기 가죽 지갑에도
도톰이 황갈색 꽃피울 날 있을까

이런 나의 중년

좀 달달하다 할 것이다
낚시쟁이 떡붕어 낚을 때
팔뚝 인대 끊어질 듯 강렬한 땅김처럼
달큰함 뒤에 숨어 있는
탁 채는 그 맛을
찾아낼 줄 알아야 한다

막걸리는 꺾는 맛이다
극도로 압축된 공기총 터지듯
단숨에 꺼억 소리가 터져야 한다

누룩 맛에 분칠하듯 수식을 하면
배는 바다 아닌 산을 오른다
막걸리는 막 거른 막걸리여야 한다
숙성
이 자*한테만은 해당이 없다
누룩에서 바로 비틀어 눙친
막 자른 봄 미나리의 신선함 같은
그 맛이라야 한다

〈
하얗게 처녀 종아리 같은 풋마늘 쑥 뽑아
목구멍에 욱여넣는다면
꺽꺽 소리가 비 온 날 연당 맹꽁이처럼
뽀글거린다

빈 병은 오려서
바람개비 만들어
망할 세상을 걸어야지
비둘기였다가 늑대인 것들
개였다가 끝까지 개인 것들
코뚜레를 뚫어 미친 듯 돌려야지

소등

구십의 불을 끄려 한다

말라버린 청각의 늪에
물꼬를 대려 함일까
비수처럼 경혈을 찌르고 들어오는
아내의 고함

한 여자의 자존심을
또 지려 놓으신 모양이다

퉁퉁 불어 터진 이부자리를
패대기치는 아내도 나도
안개 찌든 강을
너덜너덜 건너는 아침

아닌 척 창밖을 소환한다
터지려는 울음을 참는 듯
살구꽃 망울이 이를 앙다물고 있다
〈

돌아갈 집 빗장 따는 소리에
실타래 같은 지난밤 뜬눈으로 쓸어 담고 있었다

모성도 위대함도 찢어지고 없는
깃털 없는 야명조夜鳴鳥
햇살이 꼭짓점을 더듬고 있다

샛길

한 두어 달쯤
우유색 으아리꽃 닮은 그 여자와
기척이라곤
산양뿔 같은 낮달만 꽂혀 있는
무인도에 살고 싶네

코코넛 나무 하늘 찌르고
옷 나부랭이 걸치지 않아도 춥지 않을
태초의 어떤 연인처럼

하찮은 실수로
돌아갈 뱃길 막힌다 해도
그곳 그냥 엎어져 죽어도 좋겠네
그녀 맨살 무릎 베고
밤이면 밤이라서
별의 숨뿌리를 캐느라 좋고
낮이면 부신 눈 둘 곳 없어
선사시대 조개무지에 걸어 놓을
와카토비 열도* 근방쯤

〈
수십 번씩이나
우물을 부수자 부수자 했었네
한 우물을 파야 한다는
심장에 박아 놓은 대 말뚝 때문에
애간장 찍어내듯 땅을 파면서
그 속
바람도 길도 망상도 찾고 있네

* 인도네시아령의 국립 수중 공원.

밥

저토록 속 깊은 사기史記를 본적 없다
삼라만상이 경구警句 사이에 난
좁디좁은 길을 따라 저물고 뜬다

살과 피의 잔해로 써 내려간
저 문장 문장 속
박물관 같은 호모사피엔스들의
눈물 괸 발자국이 새겨져 있다

누구로부터 한번 비굴해 본 적 없는
수만 년 종이 위에 핏물 든 글씨들
분출하려 한 말들이 분화하듯
표피를 벗는다

굶주린 자들의 아우성
전쟁이 다녀간 주검들의 빈 목구멍
상처 싸맨 붕대처럼 진물로 얼룩져 있다

오직 살아남는 자 입속에서만

거룩한 억겁의 신앙
결코 멈추지 않는 뜨거운 혈류

오늘 아침 저기 탁자 위
입김 뿜는 하늘이
눈부신 고봉으로 내려와 앉아 계신다

조준환*

미처 오지 않은
어설픈 봄 같은 사람이었지

웃으면서도 그렁그렁 울고 있는
논둑에서 물꼬를 대다 막 나온
해설픈 내 유년의 종숙부님 같은

오늘 아침 남내리 연당蓮塘에
울면서 웃는 그가 활짝 피어 있다

동심의 그때를 차마 잊을 수 없어
스스로 반세기 전前 세상을
풍뎅이 걸음으로 살으시더니

일생 바람이었지만
늘 거기 있었고
신神에게도 탕자에게도
그럭저럭 멘토이었던
눈꼬리에 이슬을 달고 다녔던 사람

〈
자잘한 어리연蓮 사이로
그의 움푹 파인 눈두덩 같은
대왕 연잎
눈물 한 밥그릇 담아 들고
불쑥 일어나

아쉬운 듯
참 아쉬운 듯
고개를 떨고 있다

* 군산문협 원로 회원이며 아동 문학가이자 사진작가, 불의의 사고로 24년 6월 타계(1941-2024).

백비白碑

잘려진 벼포기의 발목들만
부스럼처럼 꽂혀 있는
시월의 해내뜰이
차창을 열고 뛰어 들어온다

농축된 농군의 한숨이
저리 숙성되어
호미 날 같은 바람으로
굴곡진 주름살을 그려 내고 있구나

집 나간 막내가 마른 물꼬에 걸터앉아
아버지를 원망하며 눈 부라리고
임플란트 수술비며
생때같은 농협의 누런빛 독촉장이
빈 논에 일렁인다

가문 논바닥 같은 이맛살 고랑마다
소금꽃처럼 맺힌 눈물 이삭들
〈

그를 핀잔하며 이 들판에
민낯의 빗돌을 세우노라

부활의 꿈

벼포기의 옷자락 터는 소리와 내통하다
절명한 백 년 미루나무

그의 마지막 절규가 논두렁에 서서
오줌을 갈기고 있습니다

잘린 몸통 위에 굴곡진 생애가
새똥처럼 자리를 틀고
꾸물꾸물 죽음을 만집니다

시커멓게 타버린
동굴 속 같은 흉중, 물렁한 고뇌 위에
농군들의 취담이 동동주 밥풀처럼 떠다닙니다

파릇한 비늘로 팔랑팔랑
바람을 씻어내던 봄날의 현란한 필설들
땅속을 움켜쥔 채 부르르 떨고 있습니다

우듬지에서 우듬지로 지껄이던

초록빛 수화들은
혈류처럼 아직 뿌리를 돌고 있는데
썰린 동그란 문신들만
조청 같은 설움을 짜내고 있습니다

칠 다리의 하루가
똘물 위에 붉게 다리를 뻗고 누워
부활의 가당찮은 꿈*을 꿉니다

* 나희덕의 가능 주의자 中 한 소절 변용.

폭설

습설이 마누라 바가지 긁는 소리처럼 퍼붓더니
갓 깨어난 아침까지 무장 해제되어 푹푹 빠집니다

끝없이 생성되는 언 하늘의 멀미 같은 각질들
시린 발로 서있는 철없이 핀 철쭉꽃 덮어 갈 때
결빙된 가슴도 젖은 영혼도 유빙처럼 떠내려갑니다

아슬아슬 걸어온 길
삐거덕대는 삶의 조각들까지

쌓이고 또 쌓여 무너져 내리는 억장

길 잃어 길 찾는 나에게
언덕 넘어 가자하고
때론 바닷길 가자하고

아직도 퍼붓는 저주 속에
길도 나도 묻혀 버립니다
건달패 같은 저 설빙에

풍덩
매화 주렴 뒤편으로 나를 밀어 넣습니다

풀 이야기

팔월 매운 땡볕 아래
밭두렁 풀을 뽑다가
저들의 생존 방식을 본다

잎이 무성하여 낯꽃이 반반한데
내던지듯 몸뚱어리를 내어 주고
어떤 자는 사지가 뜯기는데도
땅을 붙들고 놓지 않는다

산씀바귀며 쇠뜨기 놈
기꺼이 온 몸뚱이를 뚝 끊어 바치지만
깊숙이 생명의 끈을 남겨둔다는 건
새 세상을 도모하려 함이겠지

이 여름날
나도 저들처럼
불어 터진 시간* 살 속 깊이
뽑히지 않을 언어의 뿌리를 박는다

한 포기의 문장이
청잣빛 수십만의 시구(詩句) 이파리로
팔랑거리기를

* 최승호의 「소나기」에서 한 문장 인용.

이슬로 돌아간

주酒님만 편애하다
요절한
한겨울 어느 장례식장

파랗게 질린 술병들이
줄줄이 무릎 꺾고 조문하고 있다

벌겋게 눈 뜬 질 대접 향로
국숫발 같은 향 가닥을 꽂고
달궈진 한숨을 피운다

영정을 감싸고
억지웃음 웃는 국화 꽃술에
산낙지 꿈틀거리듯 향연香煙 떠오르고
검복*같은 미망인
그가 남겨 놓은 손톱만 한 얼룩을
꺽꺽대며 도려내고 있다

잔을 권하는 건 못다 한 젊은 혼귀

겨울바람 너머로
빈 술잔들만
눅진한 눈물을 마시고

선술집 같은 빈소엔
덩그러니 앉은 술통이
누룩내 뱉어 내며 곡을 한다

* 복어목 바다 물고기.

3부

소고기

소고기

심신이 금붕어 숨 줄기였던
도꼬마리의 아내로
맵디매운 또 한 여자의 며느리로

눈꼬리 한번 치켜세우지 못한 채
걸갱이 손으로
자갈땅 부쳐 식솔 거두다가
남편, 시모媤母 앞서 먼 산 떠난 여인

생전엔 멸치 조각 하나 목구멍에
차마 넣지 못했던
오늘 그의 제상

촛불 물든 유기 대접에
부르튼 눈물 덩어리

한가득
피어 있다

여자

맨 몸뚱어리로 패인 등을 보이는 것은
속이 훤히 비치는 뱅어처럼
나를 다 내어 주는 것

삭풍에 골 깊은 어깨를 뒤척이는 건
김빠진 속이 헛헛해서
기름쟁이 헤적임에 물그림자 꼬이듯
뒤꼬는 것이다

몸 푸르던 시절
수천수만의 손바닥을 펼쳐
칠월 하늘의 태양을 끌어내려 본 적 있다
그땐
땅 위로 불기둥이 모두를 태웠으니까

가을 잎 지고
무너져 내리듯 눈발 치솟아 오르던 날
칼바람에 저항하는 찢어진 저 등을 보라
〈

말년의 그늘에 하염없는 노파
풍찬 길에 저리 서 계셨다

바람 공화국

햇살도 숨죽이고 미행한다는
영광의 해안 길 어디쯤이었을 것이다
자동차 옆자리에 탄 그녀가 묻는다
―이 좋은 풍광에 웬 모텔뿐이야

진짜 몰라서 묻는 것일까

―응
여행을 많이 하는 세상이니까
그만큼 잠자리가 필요한 것이겠지

―응

설마 정답이라고 생각하는 것일까

세고비아의 성 하나를 옮겨 놓은 것처럼
유려한 성곽에
수문장처럼 버티고 건들거리며 서 있는
장미꽃 그림의 버티컬

누굴 저리 지키다 맞이하다 하는 것일까

벗다 만 아낙의 잿빛 저고리처럼
아직 산의 어깨에 아침 그림자 걸쳐있는데
빨리듯 버티컬 문으로 흡인되는
숨 가쁜 바람의 아들딸들

자궁 같은 판도라 상자 저곳에서
크고 작은 계절풍들이
오늘 또 얼마나 잉태될까

얼굴

시청에 가서
만기 된 여권을 갱신하는데
그녀의 지문이 찍히지 않는다
엄지와 검지
몇 번이나 위치를 바꿔 봐도
뭉그러진 나이테는 일어설 줄 모른다

일생 호미이면서 도끼였던 손가락
장작 패듯 뻐개고 긁어 파다
찢기고 부러진 상처들
그 흉터 짙어지고 짙어지다가
눈, 코, 입 갈려
달걀귀신이 되었구나

나이 든 느티나무도
제 낯짝 하나 부지하기 힘들어
속을 헹하게 드러내 버리고
작은 바람 앞에 허물어져 내리는 것처럼
〈

밤이면 그래서 쩌렁쩌렁
몸을 뒤틀어 무너지며 울었구나

이 여름날 괴나리봇짐이여
너의 나의
사라져 버린 아픈 얼굴아

집착

땅바닥에 떨어진 넋을 줍는 것일까
피붙이 거두듯
폐지 상자를 주워 담는
구겨진 노파

얼기설기 리어카에 싣고
파충류 배밀이 하듯 ㄹ자_字로
느리게 골목길을 접다가 펴다가

언덕배기 끌고 가는
녹슨 관절 뻐걱대는 소리
애잔한 마음에
등 긁어 드리듯 꽁무니를 밀었는데
헬끔 고개 돌린 종이배
매듭진 허리로 살포시 웃음 짓네

뒤를 민다는 게 그의 간지럼 통을 밀었을까
굽은 뒤태로 한참이나
심전도$_{心電圖}$를 끄적이네

〈
시리디시린
석양을 업고 가는 쇠잔한 종이배

알듯 말듯 미소를 밟고
발목까지 푹푹 빠지며
어둠의 입속으로 지워져 가네

이유 있는 침몰

폐쇄된 옛 버스정류장
그리 푸르던 무궁화 한 그루
굴건제복을 갖춘 상주喪主 되어
읍하고 서 있네

어깨 어깨마다 진보라 고깔모자 얹어놓고
초록 항라 치마 펄럭이며
막걸릿잔 하늘을 찌르더니

구워진 갈치 뼈 발라 먹듯
송충이에 가슴 숭숭 뚫려
빈 껍질 삼베옷만 걸쳤구나

머리에 질끈 계급장 동여매고
눈에 핏발 세워
수액만 빨아대던 흡혈 충들

잎 지고 꽃 지면
해 지는지 왜 모를까

〈
죽음을 완성한 메마른 무궁화
하얗게 이빨 드러낸 꽃 가지 하나
힘줄을 끊고 쭈그려 앉네

작은 손짓에도
톡톡
아침이 날개를 접네

건강검진

병원에 갔다
수검대에 눕혀놓고
나의 모든 것을 하나하나 오려내
닷새장 어물전의 갯것들처럼
장사판을 벌인다

의사는 다짜고짜 목구멍에 등나무를 심었다
무언가 이물감으로 내 안을
파고들 때 담자색 등꽃 송이가 송골송골
속으로 피어 수묵화를 끄적인다

묵은 줄기에 맺힌 나의 옹이들이
낡은 기록영화처럼 비치고
오래전 차례차례 늙어 죽어간
단비며, 금비, 은비*가
굴곡진 등나무 껍질에 감겨 짖어대고 있다

청천을 찢던 찌르레기 소리가
땅에 떨어져 나뒹군다

〈
단풍 든 족보 한 장
사라져 버린 시력(視力) 위로 날개를 털고 있다

* 13~17년 삶을 같이했던 애견 이름.

어둠의 질서

밤과 새벽 사이
소리도 없이 가만가만
어둠이 빠져나간 자리를 보았는가
블록담 칸 칸처럼 질서 정연한
그들의 발자국

마술사의 검은 장막 같은 그 속을 잘라 보면
눈에 핏발 세운 자들의 한 줌 밥그릇 싸움
주정뱅이들의 악따구
똥 구덕 오물 나부랭이들
자글 자글거리는데

모든 잡동사니 가슴으로 삼킨 저녁이
말없이 빠져나간 자리를 보았는가
흘려 놓은 그 무엇도 없이
부스러기 별들만 놓고 간 그 자리

밤이면 찢어질 듯 꽃송이 피웠다가
운명으로 다가온 새벽에게 훌훌 내어주는

살 떨며 돌아가는 벽시계 초바늘처럼
빛과 어둠의 냉엄한 질서

바람개비

휘발유 같았던 사람이었지
물러서는 법이 없었으니까

술자리에서의 술잔 놀림이
산다람쥐 밤톨 채가듯 번개 같았고
급한 만큼 먼저 취해 하늘에 누워
세상을 감았다 풀었다
빙글빙글 돌리면서 바람의 근육을
떠내고 있었으니까

세상의 여자들이 다 내 것이라고
얍실한 주둥이로 풀무질하며
허우대는 장승 같았던 허풍선이 그 진상

달궈진 바람까지 퍼먹다가 광란에 취해
거꾸로 서서 발톱 춤을 돌려대던 사람

아직도 그 핏줄 궁창에 남아
휙휙 세월을 썰어내고 있는데

거기 작은 균열들
덥석덥석 실그물을 짜고 있다

감자 숭배

깨진 유리창 같은 이월의 살 속에
꼬깃꼬깃 박아 두었던
동자승 머리 닮은 하지를 캔다

선명하게 들어앉은
몽고반점 색의 크고 작은 멍
움푹움푹 침하한 것들
그들의 삶에도 애환이 있었을 테지

연자색 꽃보자기
청천에 나부낄 때는
유월의 깊은 속까지
괭이 날에 난도질당할 줄 어찌 알았겠는가

화기를 다스리지 못한 그가
무쇠솥 안에서
눈을 질끈 감고 합장하며
스스로 몸뚱이를 쩍쩍 갈라내는구나
〈

이파리 황달 들 때쯤이 생일인 나는
삶에 지쳐 자해한 알알을
꾹꾹 찧어 메주 빚듯 떡을 만들고
누더기옷 한숨을 고명처럼
두텁게 묻히곤 했었다

누렇게 목 늘어난 러닝셔츠 같이
가난이 퍼걱거리던 때

안동집

구질구질 는개비 쏟는 오늘 같은 날이면
아리랑로 39 그 집이 생각난다
화장기 없이 중 늙은 아지매가
땟국 절은 주탁 위에 던지듯 내어놓는
그녀의 얼굴만큼이나 수더분한 안주들이
없는 집 제상처럼 차려진 조막만 한 선술집
취객들이 노상 오줌 갈기는 화강암 높은 축대엔
붉은색 스프레이로-소변 금지 크게 쓰여 있고
잘라 버릴 듯 큰 가위가 지린내처럼 그려져 있는 곳

오늘 같은 날이면
소주잔에 가라앉은 찐득한 한숨이
쑥쑥 자라고 있는 대폿집 그곳이 생각난다
찌그러진 양재기에 음담패설이 뽀글뽀글 끓고 있고
반죽 된 허세들이 깐마늘 심지 돋듯 접시 위에 핏대를 세우며
컹컹 개처럼 짖어대는 곳
저기 높은 말랭이 마을에 처자식을 걸어 놓고
연탄가스로 서둘러 숨줄을 끊어버린

이름 모를 망자의 혼이
비탈진 골목길을 배회하다 잠시 들러 동행자를 물색하는 곳
깨진 꿈이 질퍽이 내리는 오늘 같은 날이면
쪼그라진 육십을 그대와 흥정하고 싶은 곳

남평양반

본디 배운 것도 가진 것도 없어서
땅강아지처럼
손발에 흙 떨어질 날 없이 살았다
월남 고추 같은 마누라와 땡감 같은 새끼들
주린 배 괭이로 찍다 보면
힘도 부치고 목구멍인들 다스렸겠는가
그때마다 마셔댔던 막걸리가
속으로 꽃을 피우는 건지
벌건 코끝이 늘 환했다
비탈 논 까뒤집다 경운기 안고 죽었던 날은
논두렁이 서서 죽음의 춤을 추었다는
전설 같은 얘기도 있었고
하늘에선 쉼 없이 통통통 원동기
돌아가는 소리 들렸다더라
그에게 신(神)이란 없었다
구름이 이따금 내려와
바짓가랑이 장딴지까지 걷고
피를 뽑아주던 천수답 다랭이논
거기가 예수이고 부처였으니까

사월에는

남쪽 팽나무 언덕 바닷가에도
그때 그날처럼
사월 동백꽃 목 툭툭 부러지고 있겠지

못다 핀 꿈 활짝 피워보고 싶어
쥐어뜯듯 허공을 후비며
떨어졌을 꽃 모가지들

바다는 비늘을 벗듯
실 빛살 껴안은 채 잔 숨 몰아쉬는데
마른버짐 돋은 주홍빛 살점들만
땅바닥에 뒤척이며
서걱서걱 진저리 친다

사월이면
남쪽 바다는 왜 시리도록
꽃물이 드는 걸까

둥지 찾고 있는 그들을
깊이깊이 가두어 두고

4부

11월 산감나무

11월 산감나무

저 높이 도도한 횃불 하나

선유도 앞바다
연락선 길 잘못 들까 봐

어깨에 목덜미에 심줄 세우는 자
애먼 짓 하지 말고
너로 살다 너로 죽으라고

행여
그대 오시거든
세상 물든다고 따라 젖지 말고
바람의 아우성 귀 부릅뜨고 들으라고

가슴 저 밑동까지
심지 돋아 활활 타오른다

운해

누님 시집가던 그때는
탱자나무 울타리 밑
곰삭은 가을이
수북이 떨어져 쌓여 있었지

펼쳐 논 마당 멍석 위에
막 튼 이불솜이
하얗게 잔털을 뿜어내고

동네 아낙들
빠닥빠닥 풀 먹인
누님 살결보다 더 뽀얀 이불포를
제 찢어진 가슴 기우듯
큰 땀으로 시침질하더라고

설레이는 누님 마음처럼
들고 일어서서 너울대는 솜판들
버선발로 밟아 가라앉히는데
영락없이

드넓은 눈벌판을
날개 펴고 걷는 흰 두루미 같았어

한 여자 긴긴 생애 덮어줄
홑 하얀 그 이불속 운명을
바람인들 알 수 있었을까

고상한 망상

이건 제 얘기가 아니거든요
바닷가 쪽에서 본다면 군산 허벅지 어디쯤 된다 할까요
그 백두게 사거리에서 미제 저수지 넘어가는
호미 목처럼 확 틀어진 언덕배기에
"시인과 농부"라는 헐렁한 카페가 있는데요
오른편으로 조금 더 높은 곳엔
허름한 그 카페를 콱 누르고 앉은
웅장 무쌍한 예배당 떡하니 버티고 있구요
반대쪽엔 요즘 잘 나간다는
초고층 메이커 아파트가 눈 내리깔고 카페를 꼬나 보고 있습니다
"시인과 농부"
처음 본 그 카페 이름이 나를 포박한 채 왜 풀어주지 않는 걸까요
산찔레 줄기 펄렁대는 카페와 화강암벽 거대 예배당
그리고 옛 소방청 망루 같은 초고층 아파트들
문장의 지느러미에 찔린 지금의 나처럼
이런 불량한 앙상블이라니요
쪼개진 막걸릿병이 취해 돌아가는

바람개비동산*에서
기막힌 자기 운명을 찍어내듯
삼지창으로 두엄을 떠내고 있는
저 칠칠치 못한 농부도 시인이 될 수 있을까요
지게와 작대기처럼 근사한 앙상블이 가당키나 하냐구요

* 저자가 경작하고 있는 농장 이름.

민초

베어져 쓰러지는 풀들을 보라
갈가리 찢긴 조각들이 하늘로 솟구치다
다른 풀들의 품 안에 떨어져 안기고
그들을 껴안은 풀들도
다가올 운명의 무게만큼 허리를 꺾는다

어린 멸치 숨결 같은 것들
결코 생을 구걸하는 법이 없구나
보리밥처럼 눌어붙은 울혈만이
소리 없는 비명을 털고 있다

이름 모를 들꽃과
개고사리, 나팔꽃들도 섞여
의연히 죽음의 칼날을 기다린다

목을 쑥 뽑아 잘리면서도
풋풋한 풋내를 뿌리며
감싸듯 받아주고 그도 스러지고
우는 듯 웃는 듯

몸 조각을 나부끼는
죽어도 죽지 않는 저 이름들

고사리손 잘라지고
나팔수 사라지면 그 누가 나팔 불어
새벽을 일으킬까

그녀의 소갈머리

기상캐스터의 일기예보처럼
변화무쌍하다

무겁기가 심산 암자의 석불 같다가도
바람 타는 대밭에서
촉새 촉새 짓 하듯
가볍기가 깔따구 유충 같으니
그 속세계를
누가 안다 하겠는가

어느 날은 말씀으로 성자가 되더니
어떤 땐 함부로 설도舌刀를 휘두르다
뼈도 추리지 못한 적 여러 번 있었다

화사한 꽃이 피다가도
오뉴월 벼락 치듯
세상을 결빙한다

울고 웃고 삼키고 숨 쉬면서도

−공감해? 공감하냐구?
겁박하면서 쉼 없이 떠벌리는
집단 무의식*의 소용돌이

* 칼 융이 주창한 분석 심리학.

돈

구멍 숭숭 뚫린 복공판으로
칸막이 지른 2층 트럭이
돼지를 가득 싣고 도로를 질주한다

성돈이 되었다는 이유로
목적지도 모른 채
우리를 떠나 세상 속으로 나간다

칸막이 구멍으로 내다본 풍경이
깊은 우물인지 모르고
소풍 간다고 꺽꺼걱 헐 헐 헐
엉덩이 씰룩씰룩 좋아 야단인데

무리 중에 운명을 예감한
녀석도 있나 보다
누렇게 익은 울음소리가
아스팔트 도로에 떨어져
맴놀이 아지랑이 켜듯 꼬리가 길다
〈

피 뜨거워 콧구멍이 서걱거리던 그 시절
죽는지 사는지 모르고 날뛰던 때
나에게도 있었다

샤갈의 나와 마을

화가의 아침 동네에는
뒤 무거운 저녁이
이슬 묻은 맨발로 서성이고 있다

눈자위가 붉도록 시든 저녁이
유실된 기억 속으로 아침을 결박한다

거리마다 체위가 바뀐 낯선 발걸음
마, 소의 채찍을 맞으며
밭갈이를 하는 사람
산사의 범종 소리가
교회당 십자가에 펄럭이고
해와 달이 반쯤 섞여
길거리를 굴러다니며 배회한다

수천 년을 지나서야
나타날 낯선 삶의 모서리
현란한 색깔의 숲으로
성탄의 아침이

연꽃의 꽃술을 열고 찾아든다

마른풀 단을 씹는 양무리의 젖은 눈망울이
희미한 숨을 되새김질하며
찬 피가 돌고 있는 푸른 인간과 눈맞춤 하고 있다.

가파른 언덕에 미끄러져 내리는
고립과 생존의 척박한 그림자
팔랑팔랑 장대낫을 들고
하늘 계단을 오른다

수첩

애기 솜털 같은 봄이면
수많은 이파리에 햇볕을 받아 적더라
쓰여진 햇살을 벌려보면
얼룩진 생을 단칼로 잘라버린 친구가
빨간 글씨로 누워 있고
자식 잃은 애미의 피맺힌 울음이
비명碑銘처럼 깊숙이 파여져 있더라

바람의 마른기침에도 유난히 떨어대던
애기 손 이파리에는
헌 두루마기 자락 펄럭이며 홀로 황천길 가시던 할아버지
구멍 난 고무신이 그믐달처럼 떠 있고
꺼진 구들장 같은 가난이
빈 깻대처럼 바람 소리로 울고 있더라

베어져 지금은 뿌리만 남은
칠 다리 터줏대감 노거수 미루나무
〈

비빌 언덕조차 없는 이들의 발버둥이
몇 번이고 지운 글씨 속에
환지통으로 되살아나
잘리던 그날을 절절히 쓰고 있더라

매미

-죽으면 썩어질 몸, 하는 소리를
입에 달고 살았지
칠팔월 멍게만큼 낯꽃 붉도록
술 사발깨나 든 날이면
속에 천불이 난다며
허물을 훌훌 벗어던지고는
일장춘몽 더러운 팔자를
벌컥벌컥 들이켰다가
되새김질하듯 게워 내곤 했었지

플라타너스 넙죽한 이파리가 댕강거리는
삼거리 대로변
너구리굴같이 안개 자욱한 그 옴팡집
담배 연기에 찌든 족자엔
도대체 어울리지 않은 글귀
-굵고 짧게 살자, 가
그녀의 기둥서방처럼 벽을 지키고 있었고

술 장단에 젖어

있는 속 없는 속 다 까발리고는
지붕이 녹아내리는 그 여름날
문설주에 붙어 끄르르 끄르르
울음통을 짜내다가
마저 허물을 벗어 버리던
쓸게 빠진 그때 그녀

정말 굵고 짧게 살다가
우화등선羽化登仙 했을까

김선기[*]

얼굴은 여문 도토리 색이었고
호리호리한 몸 새에 마두 상이었던 김형
공단에 미원 공장 다닐 때만 해도
어깨에 후까시깨나 세우고
밤 골목 누빌 때면
미끈미끈한 화녀들의 만년 우상이었지
허풍이 마파람 양철 대문 처닫듯 했지만
사람 하나는 진득진득한 진국이었어
자기 아니면 재료가 못 들어와
미원 공장 못 돌린다고
공장 서는 날이면
대한민국 식당 주인들, 어머니들
손바닥만 한 나라
개밥그릇 밟아 뒤집듯 결판을 낼 거라며
닭 똥구멍 같은 입술로
섣달 문풍지 떨 듯했던 사람
소주라면 30도는 되어야
똥에 구린내 없이 불 냄새가 난다며
빨간딱지 소주만 찾아다니던

내 마음속 거룩한 성자 같던 김형
술에 장사 없다고 입버릇처럼
언론의 자유를 자유처럼 누리더니
임상으로 증명하듯 밥숟갈 내려놓은 지
일곱 해가 되었네
자네
거기서도 구린내 없이 불 냄새로
육탈은 잘하고 계시는가

* 저자의 요절한 술친구.

바다의 기침 소리

유월 사리 물때면
장자도 앞바다가 독감을 앓는다

신열로 펄펄 끓어오르다가
허리 휘도록 밭은기침 쿨럭대다가

모진 삶들을
침잠해 있는 하늘 위에 온몸으로 기록하고
끝없이 끝없이 책장을 넘긴다

파도에도 겹이 있구나
박물관 같은 사연들을
탁본으로 떠 천년만년 소장하는 거겠지

낱낱의 일들이 종양으로 덧나 있다가
발효되듯 아물어
피부에 관솔 같은 옹이가 졌을 거야

하얗게 접동새 울던 밤

나의 눈에
밭고랑을 친 것처럼

운주사 석조 불감*

외계를 떠돌던 천년의 시간들이
석조 불감 팔작지붕에 내려
자화상을 그려낸다

고목을 내려오는 차가운 광선 한 주발
쌍배雙拜 석불의 어깨에 내려 아침 공양 중이다

그 무엇이 저토록
어정쩡한 침묵을 강요하고 있을까
영구산 찰바람이 해일처럼 내리치던 날
가부좌 체위로 땅을 움켜잡고
간절한 이의 간절함을
우울한 침묵으로 피워내고 있다

등을 맞댄 석불의 뭉그러진 코끝에
도선 대사의 금강경 한 자락이
콧물처럼 흘러내린다

너보다도 너를 더 잘 안다는 듯한

지독히 무표정한 저 표정
드넓은 남과 북의 사바세계를
촘촘히 기록한 메모리 같은 돌의 문서

* 석굴 형태의 공간에 부처를 안치하는 건조물.

벌초

생전의 당신께
손발톱 한번 잘라 줄 새 없이
아침볕 서리 녹듯 가셨는데

구월 불 회오리 쏟고 있는 봉분에는
덤벼들기라도 할 것처럼
억새들만 장검 날을 세우고 있더이다

게을러터진 나를 꾸짖듯 말입니다

등에 진 예초기는
심동맥 찢어지겠다 싶게
발광하며 진저리 치구요

아무리 생각해 보아도
다름 아닌
나를 깎는 일이었습니다

■□ 해설

'땅의 증언'에서 '긴급 제안'까지
−윤명규 시집 『바람의 제국 긴급 제안』의 시세계

정숙자

(시인)

1.

어느 날 문득 우리는 한 편의 시를 읽게 된다. 어느 날 문득 우리는 한 편의 시를 짓게 된다. 이 무수한 반복 끝에 우리는 어느 날 시인이 되기도 하고, 시 애호가로서의 변함없는 독자가 되기도 하며, 그 과정에서 자아 성찰/자기 발견에 이어 기약 없는 면면 길을, 즉 자기만의 개성과 함께 '세계 내 존재'로서의 고독하고도 올곧은 길을 떠나기도 한다. 우리는 영원한 독자이며 시인인 것이다.

필자는 윤명규 시인의 세 번째 시집 원고를 우편으로

건네받았다. 약력에 '군산문협' 회원이며, 현재 "농부이면서 사무자동화장비 법인 회사 경영"이라고 쓰여 있다. 정확히는 알 수 없으나, 모임에서 두세 번 만난 적이 있으므로 대개의 연령대는 가늠이 될 듯하다. '수고하셨다'는 말씀 위에 상찬賞讚을 얹어드리고 싶다. 거친 사회에서 저만한 현판을 드리운다는 게 얼마나 지난한 일이었겠는가.

  그와 동시에 문학에의 꿈도 충실히 일구어 향토 시인으로서의 길을 꿋꿋이 걷고 계시니 참으로 예삿일이 아니다. 현주소 역시 '군산시'로 되어 있으므로 그는 분명 우리가 상징적으로 알고 있는 마을의 수호수守護樹인 팽나무나 느티나무 당산나무쯤으로 비견됨 직하다. 시인의 말에도 "나를 바라보는 시선들이/ 사뭇 궁금하다/ 아랑곳하지 않고 내 길을 가겠다" 이런 결기가 그를 더욱 미덥게 한다.

    -거 좋은 생각 아니여
    그 자者들 대갈통 속엔
    뭐가 들어 있는지 당최 모르 것 당께
    비 오는 날 사이키 조명 팡팡 돌아가는
    나운동 그 술집 가봐
    옆에 끼고 있는 것들 죄다

지 딸이나 마누라는 아니잖여
다들 너매 것 델꼬 지랄들 허는 것이것제

아 낳지 않아 곧 망헐 것처럼
씨불어 대지만 말고
좋아 죽고 못 사는 저것들
비아그란가 뭔가 나라에서 대주고
모텔 얻어주고
아 맨들도록
차라리 자리를 깔아줘 버리면 어쩌것어
엄한데 돈 짓거리 허덜 말고

일흔다섯에도 늦둥이 맨들었다는
배운가 하는 사람 얘기도 있잖여
대단한 것이제

저 높은 디서
아 대신 개만 안고 댕기는 것들이라
먼 생각이 있을까마는
저런 사람들 찾아내서 상賞도 쬐금 주고
〈

그럼사

아도 낳고 뽕도 따고

나도 함 해보게

　　　　　　– 「바람의 제국 긴급 제안」 전문

  위의 시 「바람의 제국 긴급 제안」은 제1부에 실린 작품이자 표제작이다. '긴급 제안'에 방점이 찍히는데, 무엇에 대한 '긴급 제안'일까. 그 의문은 바로 앞 음보에 제시되어 있다. '바람의 제국'이기 때문이라는 거다. 그러니까 '바람 앞 등불'과 같이 위태로운 시점에서 이 나라의 '인구절벽' 더 나아가 '인구절멸'을 걱정하는 어르신들의 대화를 우연히 듣게 된 화자는…, 역설(paradox)임에도 불구하고 원고지에 그대로 옮겨본 것이리라. 이 시집에서 방언을 살려 쓴 단 한 편의 시! 그런저런 여러 배경을 연상하며 필자 역시 띄어쓰기와 맞춤법을 그대로 존중하고, 또한 오랜만에 고향의 말맛에 젖어 들기도 했다. 그 열띤 대화를 여러 번 숙독하며 '오죽하면 여북할까'라는 말을 (씁쓸히) 떠올려보기도 했다.

  제도로서의 국가는 국제사회의 승인을 기준으로 하는데, 국가의 3요소란 국민·영토·주권이라고 하지 않는가. 그 첫째가 국민이니 이대로 가다가는 큰일이 아닐 수 없다. 1970-80년대만 하더라도 인구 억제책으로 "아들딸 구별 말고 둘만 낳아 잘 기르자"는 표어가 흔히 눈에 띄었건만, 반세기가 흐르는 사이 정합적인 인구 증가책의 표어를 내걸어야 할 처지가 되고 말았다. 하지만 묘안이라고 할 만한 줄기도 잡히지 않으니 허물없는 그늘막에서 저런 궁여지책까지 들춰보는 게 아닌가. 인간은 도구가 아니며 신성한 생명이므로 모두에게 사랑받으며 행복을 주는 빛이어야 할 것이다. 다만 시적 허용에서 작품을 통해 경각심을 갖게 한다는 의미로 「바람의 제국 긴급 제안」은 '역설의 미학' 편에 일익一翼이 아닐까.

예로부터 시인은 문화의 앞바퀴라 했거니와, 윤명규 시인의 나라 걱정이 어느 정도인가를 헤아려 보게 된다. 이런 문제 앞에서 한 나라는 한 마을에 해당하기도 한다. 마을의 수호수 격이라고 앞부분에서 짚은 바와 같이 그는 한 가정의 가장으로서도 과장 없는 사실을 노래하고 있다. "여문 매미 울음이 땅으로 불고/ 개개비 지저귐이 대밭에 쏟아지는 한여름이면/ 아버지는 선혈빛 통속에/ 삶에 멍든 당신을 씻어내고 있었다"(「그해 여름날」)라든가, "숨줄이 붙어 있다는 건/ 그 자체가 한 질 책입니다"(「그녀의 무자서無字書」)에서 '무자巫子'는 점치고 굿하는 여자를 뜻하지만, '없을 無'에 '글자 字'를 표기해 둔 점으로 미루어 보면 여기서의 무자서無字書는 자신의 심적 은유가 아니라 곡비哭婢로서의 자서字書이다.

2.

한 편의 시가 우리에게 오기까지, 우리는 얼마나 많은 현실을 직간접적으로 경험하고 성찰하고 반성했던가. 그때그때 부풀었던 생각들을 가라앉히고, 거르고 걸러 받쳐 낸 결정結晶이 바로 시일 것이다. 게다가 한 편의 시 속에는 화자의 성품과 지향점과 지적인 위도까지도 그대로 담기기 마련이다. 새로움을 의욕하다 못해 허사虛辭가 빛을 발하기도 하는 요즘, 차분한 자기 스타일의 붓을 세우는 시가 벼루의 깊이를 증명해주기도 한다.

>잘려진 벼포기의 발목들만
>부스럼처럼 꽂혀 있는
>시월의 해내뜰이
>차창을 열고 뛰어 들어온다
>
>농축된 농군의 한숨이

저리 숙성되어

호미 날 같은 바람으로

굴곡진 주름살을 그려 내고 있구나

집 나간 막내가 마른 물꼬에 걸터앉아

아버지를 원망하며 눈 부라리고

임플란트 수술비며

생때같은 농협의 누런빛 독촉장이

빈 논에 일렁인다

가문 논바닥 같은 이맛살 고랑마다

소금꽃처럼 맺힌 눈물 이삭들

그를 핀잔하며 이 들판에

민낯의 빗돌을 세우노라

― 「백비白碑」 전문

「백비白碑」, 심상치 않다. 필자 역시 농가에서 나고 자란 터이므로, 지금 도시에 산다고 해도 저 시의 배경을 모를 리 없다. "소금꽃처럼 맺힌 눈물"을 읽는 순간, 묽은 눈물이나마 고이지 않을 수 없다. "시월의 해내뜰"이 바로 눈

앞에 펼쳐진다. '해내뜰'은 '해내+뜰'의 합성어(해내: 바다로 둘러싸인 육지)이다. '해내뜰' 참 아름다운 우리말의 발견이다. 시인이라면 응당 우리말의 발굴과 신조어에도 일조해야 할 것이다.

시월이면 분명 수확의 계절이어야 할 것을, "생때같은 농협의 누런빛 독촉장이／ 억장을 치며 빈 논에 일렁"이는 실제를 어떤 모음으로 수습해야 하나. 시월의 '누런빛'이라면 당연히 잘 익은 곡식이나 활엽수의 금빛이어야 할 것 아닌가. 그런데 "잘려진 벼포기의 발목들만／ 부스럼처럼 꽂혀 있는" 해내뜰이라니! 주민들의 여러 애환 앞에 화자는 차라리 어떤 위로의 말보다도 「백비白碑」처럼 침묵할 수밖에 없었으리라.

그렇지만 그는, 그들은, 우리는 그렇게 지친 채 살 수만은 없(었)다. "저 둥지에 빛살 듬뿍 채워지는 날／ 찬바람만 쌩쌩 휘젓고 다녔던／ 내 누더기 가죽 지갑에도／ 도톰히 황갈색 꽃 피울 날 있을까"(「바람의 나라」)라고 마음을 다잡으며,

　　아슬아슬 걸어온 길
　　삐거덕대는 삶의 조각들까지

〈
쌓이고 또 쌓여 무너져 내리는 억장

길 잃어 길 찾는 나에게
언덕 넘어 가자하고
때론 바닷길 가자하고

아직도 퍼붓는 저주 속에
길도 나도 묻혀 버립니다
건달패 같은 저 설빙에
풍덩
매화 주렴 뒤편으로 나를 밀어 넣습니다
　　　　　　　　　　　　　－「폭설」 부분

"잎이 무성하여 낯꽃이 반반한데/ 내던지듯 몸뚱어리를 내어 주고/ 어떤 자는 사지가 뜯기는데도/ 땅을 붙들고 놓지 않는다"(「풀 이야기」) 희망을 놓지 않았다.

3.

　플라톤의 『메논』에서는 소크라테스와 메논의 대화가 이어진다. '메논의 난제'를 풀어나가며 설득시키는 과정인데, '난제' 인즉 "탁월함이란 가르쳐질 수 있는 것인가?"에 대한 논박/논변의 수사학이다. 당시 소크라테스 67세, 메논이 19세였다니, 그 연륜을 뛰어넘은 대화만으로도 두 사람의 지혜를 엿볼 수 있다. "탁월함은 지성 없이 섭리에 의해 생기는 것이다. 이것이 메논의 최초의 문제 제기에 대한 최후의 결론"(『메논』, 2019, 아카넷 p.179)이라는 '상기설'이다.

　눈꼬리 한 번 치켜세우지 못한 채/ 걸갱이 손으로/ 자갈땅 부쳐 식솔 거두다가/ 남편, 시모媤母 앞서 먼 산 떠난 여인// 생전엔 멸치 조각 하나 목구멍에/ 차마 넣지 못했던/ 오늘 그의 제상祭床// 촛불 물든 유기 대접에/ 부르튼 눈물 덩어리// 한가득/ 피어 있다 (「소고기」 부분)

　시청에 가서/ 만기 된 여권을 갱신하는데/ 그녀의 지문이 찍히지 않는다/ 엄지와 검지/ 몇 번이나 위치를 바꿔봐도/ 뭉그러진 나이테는 일어설 줄 모른다// 일생 호미이면서 도끼였던 손가락/ 장작 패듯 뼈개고 파다/ 찢기고 부러진 상처들/ 그 흉터 짙어지고 짙어지다가/ 눈, 코, 입 갈려/ 달걀귀신이 되었구나 (「얼굴」 부분)

이외에도 안 슬픈 여인의 삶을 그린 시편이 더 있다. 「단지斷肢」 「샛길」 「여자」 「운해」 「바람 공화국」 등등, 이렇게 타인에 대한 측은지심惻隱之心은, 아니 측은지선惻隱之善은 어디서 나오는 걸까. 측은지심! 그것도 가르쳐질 수 있는 것일까?

깨진 유리창 같은 이월의 살 속에
꼬깃꼬깃 박아 두었던
동자승 머리 닮은 하지를 캔다

선명하게 들어앉은
몽고반점 색의 크고 작은 멍
움푹움푹 침하한 것들
그들의 삶에도 애환이 있었을 테지

연자색 꽃보자기
청천에 나부낄 때는

유월의 깊은 속까지
괭이 날에 난도질당할 줄 어찌 알았겠는가

화기를 다스리지 못한 그가
무쇠솥 안에서
눈을 질끈 감고 합장하며
스스로 몸뚱이를 쩍쩍 갈라내는구나

이파리 황달 들 때쯤이 생일인 나는
삶에 지쳐 자해한 알알을
꾹꾹 찧어 메주 빚듯 떡을 만들고
누더기옷 한숨을 고명처럼
두텁게 묻히곤 했었다

누렇게 목 늘어난 러닝셔츠같이
가난이 퍼덕거리던 때

- 「감자 숭배」 전문

어느 고산지대의 삶을 TV에서 본 적이 있다. 벼농사는 꿈도 꿀 수 없는 마을. '신이 내린 선물'이라면서 감자를 숭배하는 이국이었다. 감자가 우리네 쌀이나 맞먹는 터이니 말이다. 가난에 맨 먼저 따라붙는 고통이란 배고픔일 텐데, 화자는 어찌 '감자 숭배'라는 발언을 할 수 있었을까. 그의 글솜씨는 가히 휘두름이 아니라 시종일관 '자유간접화법'의 에두름이며, 짧고 선명한 극極-서정시이고, 드라마가 집약된 극劇-서정시이다.

(다시), 소크라테스와 메논의 대화를 펴면 모든 '탁월함'은 "단지 출생할 때 잊어버린 것일 뿐"(앞의 책, p. 170)이라 했으므로. 지어지선止於至善 또한 어느 생에서 익힌 상기想起일 법하다. 사단에서 첫째인 측은지심이야말로 인식할 수는 있으나 배워서 지닐 수 없는 '섭리'가 아닐까. 따라서 이 시집에 면면히 흐르는 자타불이의 시심 역시 천성으로 느껴진다. 화자는 어머니와 아내를 비롯한 여인들의 삶만을 애달파한 게 아니다.

「신영시장 김영웅 구두병원」, "손발에 흙 떨어질 날 없었던"(「남평양반」), "내 유년의 종숙부님 같은"(「조준환」), "웃는 듯 우는 듯/ 몸 조각을 나부끼는/ 죽어도 죽지 않는 저 이름들"(「민초」), "비빌 언덕조차 없는 이들의 발버둥이/ 몇 번이고 지운 글씨 속에/ 환지통으로 되살아"(「수첩」)난다는 등의 시편들. 느티나무의 너른 눈이 닿지 않은 데가 없다. 부디 따사로운 볕뉘여, 곳곳에- 골고루- 내려주시기를 바라는 인정이 곡진하다.

4.

 윤명규 시인은 비틀거나 기의를 숨겨 버리는 등의 해사 구조解辭構造를 쓰지 않는 게 특징이다. 거의 모든 시가 통사 구조統辭構造로 되어 있다. 현대예술은 미술이나 음악에 있어서도 초현실주의, 즉 추상성이 대세인 것으로 보인다. 탈구조주의까지를 뛰어넘어 난삽에 가까울 지경이다. 맑고 따뜻한 체온의 서정이 때때로 그리워지는 것은 비단 어느 한 사람만의 시각은 아닐 것이리라. 이런 때 한 길을 가꾸는 필세가 순정하다 할 만하다.

> 이건 제 얘기가 아니거든요
> 바닷가 쪽에서 본다면 군산 허벅지 어디쯤 된다 할까요
> 그 백두게 사거리에서 미제 저수지 넘어가는
> 호미목처럼 확 틀어진 언덕배기에
> "시인과 농부"라는 헐렁한 카페가 있는데요
> 오른편으로 조금 더 높은 곳엔
> 허름한 그 카페를 꽉 누르고 앉은
> 웅장 무쌍한 예배당 떡하니 버티고 있구요
> 반대쪽엔 요즘 잘 나간다는
> 초고층 메이커 아파트가 눈 내리깔고 카페를 꼬나보고

있습니다

"시인과 농부"

처음 본 그 카페 이름이 나를 포박한 채 왜 풀어주지 않는 걸까요

산찔레 줄기 펄렁대는 카페와 화강암벽 거대 예배당

그리고 옛 소방청 망루 같은 초고층 아파트들

문장의 지느러미에 찔린 지금의 나처럼

이런 불량한 앙상블이라니요

쪼개진 막걸릿병이 취해 돌아가는

바람개비동산*에서

기막힌 자기 운명을 찍어내듯

삼지창으로 두엄을 떠내고 있는

저 칠칠치 못한 농부도 시인이 될 수 있을까요

지게와 작대기처럼 근사한 앙상블이 가당키나 하냐구요

— 「고상한 망상」 전문

"시인과 농부/ 처음 본 그 카페 이름이 나를 포박한 채 왜 풀어주지 않는 걸까요"에 다가서 볼 때 '시인과 농부'라는 "헐렁한 카페"는 화자의 소유가 아님이 여실하다. 몇 행을 더 읽어 내려가면 각주 표시가 붙은 "바람개비동산"이 나오는데, 그게 바로 "윤명규 시인이 경작하고 있는 농

장 이름"이라는 것이다. "이런 불량한 앙상블이라니요". "문장의 지느러미에 찔린 지금의 나", 그럴 만하다. "저 칠칠치 못한 농부"라고 자탄할 만하다.

정작 '바람개비동산'은 '나'의 것인데, 마치 "처음 본 그 카페" 주인이 농장주이며 시인인 것처럼 보일 것은 너무나 뻔한 일이다. 이건 정말 이러지도 저러지도 못할 일이 아닌가. 그런데(?) 시의 제목이 「고상한 망상」이다. 좀 더 생각해 봐야겠다. '시인과 농부'라는 카페를 농장 곁에 내고 싶은 꿈…, 상징계/상상계를 넘나듦이 아닌가. "지게와 작대기처럼 근사한 앙상블"을 이미 이룬 "시인과 농부", 이런 모호(ambiguity)를 꿰었을 줄이야.

윤명규 시인은 한단지보邯鄲之步의 실수를 범하지 않는다. 연나라 수릉이란 곳의 한 소년이 조나라의 도성 한단에 가서 멋진 걸음걸이를 배우고자 하였으나, 필경 자기 나라의 걸음걸이마저 잊어버려 기어서 고국으로 돌아갔다는 '장자, 추수편'(『莊子』, 1977, 을유문화사, p.135-136)에 나오는 이야기다. 우리의 문학, 우리의 문단, 특히 시 세계의 유속은 매우 빠르다. 그 물살에 휩쓸리지 않는 문향이야말로 서권기書卷氣가 아닐까 싶다.

마을 이야기를 담아낸 명작으로는 미당 서정주(1915-

2000)의 『질마재 신화』(『徐廷柱 詩 全集』 1983, 민음사, p. 280~327)를 꼽을 수 있다. 그리고 또 러시아의 문호(文豪) 고골리(1809-1852)의 처녀작인 단편 『지까니까 近村 夜話』(『따라스·불리바/감찰관』, 1979, 정음사, p. 307-467)가 떠오른다. 좋은 작품은 국경과 시대를 초월해 회자되는 우리네 삶의 진정한 희비이며, 꼭 시대를 앞서가는 아방가르드여야만 하는 건 아니다.

윤명규 시인의 첫 시집 『허물의 온기』 표4에서 "그는 사물을 사랑하고 가족과의 유대를 든든히 하며 농사를 짓는 시인이다. 이러한 삶의 양태가 시의 씨앗이 되고 꽃과 열매가 된다(문효치)"고 했거니와, 해설자는 "독자에게 해독의 어려움을 주지 않는다. 일상적이고 평범한 시어들을 선택하여 시를 대하는 독자에게 정서적 울림을 준다. 가장 평범한 진리에 충실하고 있다."(이채민)고 평한 바 있다.

두 번째 시집 『흙의 메일』 해설에서는 "시간의 변화 속에서 사라져 가고 있는 것들의 아름다움을 떠올리게 한다. 세월의 변화 속에서도 남겨져 있어야 할 것들이 무엇인지를 다시 생각하게 된다."(황정산) 적었다. 필자의 복사본 회답도 꺼내 보니 "가끔 보이는 우리 고향의 방언도 반가웠습니다."라는 구절이 있다. 이렇듯 공통된 여운을 드리우는 일관성/ 보편성이 윤명규 시인을 윤명규 시인이게 한다.

끝으로 시인의 앞날에 더 큰 성취가 있기를 기원하며,
돌아서도 아까운 한 편의 시를 다시 읽고 여기 베낀다.

침묵의 말들이 교목처럼 일어서고
거기 바람 소리 자라고 있어라

지구의 피 묻은 각질들
선사시대 영웅의 발자국
하늘과 바다와 땅으로 윤회하며
장엄하게 증거를 제시한다

잠자고 있는 기억들을 증명하며
서서히 굳어가다 부서지고
흐르다가 시간을 깨물며 멈추어 선다

죽어 있는 말들은 언제쯤 눈을 뜰까

나마저 나를 잊고

마른 눈물의 늪으로 빠져들 쯤

하찮던 범부의 심장 소리도

원자로 분자로 물증을 남길 거야

먼 훗날 누군가가 나를 끌어내

어리바리 증언대에 세우겠지

─「땅의 증언」 전문

지성의 상상 시인선 045

바람의 제국 긴급 제안

초판 1쇄 발행 2025년 1월 20일

지 은 이 윤명규
펴 낸 이 한춘희
펴 낸 곳 지성의 상상 미네르바
등록번호 제300-2017-91호
등록일자 2017. 6. 29.
주   소 03131 서울특별시 종로구 율곡로 6길 36, 월드오피스텔 802호
전   화 02-745-4530
전자우편 minerva21@hanmail.net

ISBN 979-11-89298-75-3 (03810)

값 12,000원

* 이 책은 전부 또는 일부 내용을 재사용하려면 반드시 저작권자와 미네르바의 동의를 받아야 합니다.
* 이 도서의 국립중앙도서관 출판시도서목록은 서지정보유통지원시스템 홈페이지(http://seoji.nl.go.kr)와 국가자료공동목록시스템(http://www.nl.go.kr/kolisnet)에서 이용하실 수 있습니다.